SUPER TOUGH®

BLACK BELT SUDOKU®

Frank Longo

Puzzlewright Press, the distinctive Puzzlewright Press logo,
Martial Arts Sudoku, and Black Belt Sudoku
are registered trademarks of Sterling Publishing Co., Inc.

6 8 10 9 7

Published by Sterling Publishing Co., Inc.
387 Park Avenue South, New York, NY 10016

Distributed in Canada by Sterling Publishing
c/o Canadian Manda Group, 165 Dufferin Street,
Toronto, Ontario, Canada M6K 3H6
Distributed in the United Kingdom by GMC Distribution Services
Castle Place, 166 High Street, Lewes, East Sussex, England BN7 1XU
Distributed in Australia by Capricorn Link (Australia) Pty. Ltd.
P.O. Box 704, Windsor, NSW 2756, Australia

Printed in China

Sterling ISBN 978-1-4027-3761-9

For information about custom editions, special sales, premium and
corporate purchases, please contact Sterling Special Sales
Department at 800-805-5489 or specialsales@sterlingpublishing.com.

CONTENTS

INTRODUCTION

To solve sudoku puzzles, all you need to know is this one simple rule:

Fill in the boxes so that the nine rows, the nine columns, and the nine 3×3 sections all contain every digit from 1 to 9.

And that's all there is to it! Using this simple rule, let's see how far we get on this sample puzzle at right. (The letters at the top and left edges of the puzzle are for reference only; you won't see them in the regular puzzles.)

The first number that can be filled in is an obvious one: box EN is the only blank box in the center 3×3 section, and all the digits 1 through 9 are represented except for 5. EN must be 5.

The next box is a little trickier to discover. Consider the upper left 3×3 section of the puzzle. Where can a 4 go? It can't go in AK, BK, or CK because row K already has a 4 at IK. It can't go in BJ or BL because column B already has a 4 at BQ. It can't go in CJ because column C already has a 4 at CM. So it must go in AJ.

	A	B	C	D	E	F	G	H	I
J									
K					2		1	8	4
L	9		5		7		2		6
M	1		4	3	9	2		7	
N				7		6			
O		7		1	4	8	9		2
P	3		2		6		8		5
Q	8	4	9		3				
R									

Another box in that same section that can now be filled is BJ. A 2 can't go in AK, BK, or CK due to the 2 at EK. The 2 at GL rules out a 2 at BL. And the 2 at CP means that a 2 can't go in CJ. So BJ must contain the 2. It is worth noting that this 2 couldn't have been placed without the 4 at AJ in place. Many of the puzzles rely on this type of steppingstone behavior.

We now have a grid as shown below.

Let's examine column A. There are four blank boxes in column A; in which blank box must the 2 be placed? It can't be AK because of the 2 in EK (and the 2 in BJ). It can't be AO because of the 2 in IO. It can't be AR because of the 2 in CP. Thus, it must be AN that has the 2.

	A	B	C	D	E	F	G	H	I
J	4	2							
K					2		1	8	4
L	9		5		7		2		6
M	1		4	3	9	2		7	
N				7	5	6			
O		7		1	4	8	9		2
P	3		2		6		8		5
Q	8	4	9		3				
R									

By the 9's in AL, EM, and CQ, box BN must be 9. Do you see how?

We can now determine the value for box IM. Looking at row M and then column I, we find all the digits 1 through 9 are represented but 8. IM must be 8.

This brief example of some of the techniques leaves us with the grid at the top right of page 6.

You should now be able to use what you learned to fill in CN followed by BL, then HL followed by DL and FL.

As you keep going through this puzzle, you'll find it gets easier as you fill in more. And as you keep working through the puzzles in this book, you'll find it gets easier and more fun each time. The final answer is shown below.

This book consists of 60 puzzles of super-tough level of difficulty.
—Frank Longo

	A	B	C	D	E	F	G	H	I
J	4	2	1	6	8	3	5	9	7
K	7	3	6	5	2	9	1	8	4
L	9	8	5	4	7	1	2	3	6
M	1	5	4	3	9	2	6	7	8
N	2	9	8	7	5	6	4	1	3
O	6	7	3	1	4	8	9	5	2
P	3	1	2	9	6	7	8	4	5
Q	8	4	9	2	3	5	7	6	1
R	5	6	7	8	1	4	3	2	9

	A	B	C	D	E	F	G	H	I
J	4	2							
K					2		1	8	4
L	9		5		7		2		6
M	1		4	3	9	2		7	8
N	2	9		7	5	6			
O		7		1	4	8	9		2
P	3		2		6		8		5
Q	8	4	9		3				
R									

1

9			2				7	
	6	8	1	7		2		
	4							
	9			4				1
	5						3	
7				8			4	
							8	
		6		9	5	4	1	
	8				3			5

2

		2					7	
5			6	1	8			
	9				2	5	6	
7					3			
	2	6				3	8	
			2					7
	1	9	8				3	
			9	5	4			8
	8					6		

3

					1	6	5	
5				9				2
		7		6			3	
	4		5		7			
		2				8		
			8		3		7	
	3			5		4		
7				3				6
	2	6	7					

4

				9		6	3	
				1			9	4
					6		5	8
	3		1			9		
	4						1	
		5			2		6	
3	9		7					
1	7			4				
	5	6		8				

5

			1					4
			7	4			1	
		2			3		9	
			8			4		1
3								7
7		8			1			
	6		5			2		
	3			6	9			
8					7			

6

	7		3				8	
	2		6			5		
		8		7				
				3	2			1
5	4		9		1		2	3
1			4	5				
				4		2		
		9			3		6	
	5				9		3	

7

8							3	
					5		6	7
4			2			9	5	
				2	3		4	
	9			7			2	
	3		5	8				
	4	6			9			2
3	7		6					
	8							6

8

	9		4			7		
6						2		1
		8			3		4	
		5			4		9	
				6				
	8		9			5		
	7		3			1		
5		4						7
		2			8		3	

9

1			9					5
	8			3		2		
	3		5			6		
3		1			6		7	
	7		4			9		3
		2			3		1	
		8		6			2	
4					5			7

16

1 0

	6	1			4	8	2	
	2		9					
		3		8				
			5	4		3		7
6	5						8	4
7		4		6	8			
				3		7		
					9		3	
	9	8	4			6	5	

1
1

		3		8	4			9
5			1	6		7		4
9					3			
	7		3					
2								5
					2		7	
			4					8
8		9		2	1			7
1			8	3		6		

1
2

		1	2				8	
	8			6			9	
6						1		4
				9		2		8
			6		5			
9		7		2				
2		4						9
	7			5			6	
	9				1	3		

1
3

4	1	3			6			
9			3			4		
	2				4			1
		9						
	8		4	7	5		1	
						5		
6			7				9	
		5			1			3
			5			2	4	8

1
4

			9	7				5
			6			8	3	
	1							4
1		9		6	2			
2		6				9		3
			5	9		2		1
8							4	
	7	1			9			
4				3	8			

1
5

		6	8	7		1		
			2		3			
				4			9	
5					2		6	
3	9						1	8
	7		4					3
	4			1				
			3		6			
		8		2	4	7		

1
6

							4	5
3	4	9			7	1		
					4			
		4		6			2	
		5	9		1	7		
	7			2		6		
			2					
		7	3			2	1	8
8	5							

1
7

		7		8	5			
4	1				6			
			1				4	9
9		2						7
		8				3		
5						6		1
3	5				7			
			6				1	5
			8	5		4		

1
8

1			3				4	
6	9			2		7		
		7		5				8
9			7	4			5	
		1				8		
	7			8	1			9
3				1		9		
		2		3			6	1
	1				5			2

1
9

				8	9	7		
	3				4			
			5		1		8	
		6						1
5	1						9	4
9						2		
	7		4		2			
			3				7	
		4	1	9				

				1	5		8	
		6			3	7		
7								
4				3			6	
	7			4			5	
	2			9				3
								2
		5	2			9		
	8		4	5				

2
0

2
1

	6	1						8
		3	2			5		
				8		9		2
			5					4
	1			9			8	
4					7			
3		2		7				
		9			6	7		
6						4	9	

28

2
2

				3	9			1
	8		6					
	7					5		
1	6			5				3
			2		3			
3				6			5	2
		5					1	
					4		6	
2			9	7				

2
3

5					1			
	7	4				3		
2							6	1
7			4	8		6	2	
				1				
	2	3		7	6			4
9	8							2
		2				9	7	
			5					8

2
4

	1		8					
		2		7			1	
	4	7				8		3
7			5					4
			6		7			
5					2			8
4		8				5	3	
	3			1		4		
					8		7	

2
5

			8		2	4		
	4					3		
3			4			1		
6			5					
9	3						6	4
					8			7
		7			4			2
		6					8	
		3	1		5			

2
6

					1			
				7		8		4
6		1	8					
		5	6	8		7		
2				9				8
		9		5	2	3		
					8	6		3
7		8		1				
			5					

9				4				8
		6			3			7
7				1	9		3	
	7					4	2	
1								5
	6	8					1	
	4		7	9				1
8			4			6		
6				5				4

2
7

2
8

		7						3
	6	2			7		8	
				4	2	5		7
				2			1	
	3			6			5	
	2			8				
5		8	2	3				
	1		4			8	3	
9						7		

2
9

		8		1				5
3			2			6		
	1				6			7
5	9							
	6		3		1		9	
							5	6
1			4				2	
		5			8			3
4				2		1		

30

			9		2			7
5	9		1					
		6	3					4
1							8	
9	4						2	5
	3							9
2					7	9		
					9		4	1
4			5		6			

3
1

		2		6			8	4
	4				7	2		
1				8		7		
	9		8					
3	8						4	2
					3		5	
		7		3				5
		8	7				6	
5	6			1		3		

3
2

3		5	9	6				8
	6		2	3				
							6	4
6		9					4	
		1				2		
	8					6		3
5	9							
				9	2		1	
1				5	7	4		6

1					9			8
7			6			2	9	
3		9						
				2	1	5		
		8				6		
		3	4	9				
						7		5
	7	1			3			6
8			2					4

3
3

3
4

		4					1	
	7		5			2		
	6	9	2	3				
	4	5				9		
2								5
		8				6	3	
				7	6	5	8	
		1			3		7	
	8					1		

		7	1					9
			8		9		5	
		2				1		
				5		2	9	
2		5				7		4
	7	1		8				
		9				3		
	6		4		3			
3					5	6		

3
5

42

3
6

3	4		7	6	5		9	
7	2			1	4		5	
						3		
5	3		1		7		4	6
		6						
	8		6	7			3	5
	5		8	4	3		2	1

3
7

5								
			9	8			4	
		8	4		1		6	
						3	1	
6		3		4		2		5
	4	9						
	2		3		6	1		
	3			1	7			
								3

3
8

				9				1
		6	4		8			
4		3	7					2
			5			2		3
	1						6	
7		4			3			
2					5	4		6
			2		4	9		
5				3				

3
9

2							3	
	8			3		7		
	7			9	4	5		
1					7		8	6
		5				9		
8	2		3					1
		2	5	1			4	
		6		8			2	
	1							5

4
0

6		8						
	9	2			8			5
4	5		9					
	6	3		4				9
			8		3			
5				6		7	4	
					2		5	1
2			1			9	7	
						3		2

4
1

5								1
						9	4	3
		4		1			7	
			4	6		1		
	5		2		9		6	
		8		3	5			
	9			2		3		
7	6	5						
4								9

48

4
2

		1					4	6
				4	6	8		
			1					
7		3		1				2
	4						5	
9				6		3		7
					7			
		8	3	2				
5	9					1		

4
3

9		8			1		7	
					5		6	
		5		9				
2	6			1		8	3	
		3		6		7		
	1	9		2			4	6
				7		4		
	3		1					
	9		4			2		1

50

4
4

2				6		1		
							4	8
	3	1			5		6	
4	7				9			
1								7
			6				8	1
	4		8			5	2	
7	1							
		8		2				4

9				5		1	4	
	2							
		5			2	7	3	
				3	1			
4			7		9			1
			2	4				
	5	8	6			4		
							5	
	7	6		2				8

4
5

52

4
6

4		2			1			
	6			8			4	
			7		2		6	1
		9			7		8	
7		4				6		9
	1		9			7		
3	9		8		6			
	2			7			3	
			3			1		8

4
7

			6	8				
7					9	2		3
1	9	2						
6	4					8		
			3		7			
		5					9	7
						3	1	2
5		9	2					6
				4	6			

4
8

2				8		3		
		8					5	1
			6		9			
5							8	
6		9		4		7		5
	2							9
			3		1			
7	5					6		
		1		2				7

4
9

8		3						
	7				9	4	3	
	1			3				
		8	9					4
1	9			5			7	8
3					6	1		
				9			5	
	6	2	7				4	
						9		6

56

5
0

			8		2			7
		5			3		9	
2			9	4		5		
	6	1						2
5		9				1		3
4						6	5	
		2		7	5			4
	5		1			7		
9			4		8			

8			1		5			
3	2							4
		6			9		2	
				8	1	2		
4								8
		8	4	3				
	5		7			1		
9							5	7
			5		3			6

58

5
2

						6	5	
1					5			9
		2		8	3			
	1		5			3	9	
	2						4	
	4	3			7		6	
			8	9		5		
8			7					6
	9	7						

5
3

8				1			5	4
7				4		6		
2			5					
					1		9	
3		7				4		8
	5		4					
					3			2
		1		7				9
9	2			6				7

5
4

5			4					9
					3	4		8
		4		7		2		
	3	1						
		5	2		6	8		
						6	3	
		2		4		9		
1		7	8					
3					5			4

5
5

	2	4		7				1
						2	7	
			1			8		3
					2		8	7
		8		4		5		
2	7		5					
4		5			8			
	1	2						
3				9		1	5	

			2	6	8			5
	6							
3		5					8	
5	2		7					
7			4		9			2
					6		3	4
	1					5		9
							2	
2			9	7	5			

5
6

5
7

		4		6	2	8		
	8			1		6	2	
			4					
3						2		
9	7						3	8
		1						7
					7			
	2	3		9			8	
		6	2	3		1		

64

5
8

	1		7		8	5		
					5			
6							7	4
		1			9			5
		7	6		4	3		
9			5			6		
1	7							9
			4					
		5	9		3		8	

5
9

			8		3	1		7
1		6				5		
					1			
				2		7		3
9			6		5			4
4		3		8				
			4					
		7				2		5
2		1	5		6			

			4			8		
1	8		7					4
2	9				3		7	
4						5		
	3	9		7		4	1	
		5						9
	4		5				3	1
9					1		5	8
		1			8			

6
0

1

9	3	1	2	5	8	6	7	4
5	6	8	1	7	4	2	9	3
2	4	7	9	3	6	1	5	8
6	9	3	5	4	7	8	2	1
8	5	4	6	1	2	9	3	7
7	1	2	3	8	9	5	4	6
4	2	5	7	6	1	3	8	9
3	7	6	8	9	5	4	1	2
1	8	9	4	2	3	7	6	5

2

6	4	2	3	9	5	8	7	1
5	7	3	6	1	8	4	9	2
1	9	8	7	4	2	5	6	3
7	5	1	4	8	3	9	2	6
9	2	6	5	7	1	3	8	4
8	3	4	2	6	9	1	5	7
4	1	9	8	2	6	7	3	5
3	6	7	9	5	4	2	1	8
2	8	5	1	3	7	6	4	9

3

2	8	9	3	7	1	6	5	4
5	6	3	4	9	8	7	1	2
4	1	7	2	6	5	9	3	8
8	4	1	5	2	7	3	6	9
3	7	2	6	1	9	8	4	5
6	9	5	8	4	3	2	7	1
9	3	8	1	5	6	4	2	7
7	5	4	9	3	2	1	8	6
1	2	6	7	8	4	5	9	3

4

7	8	1	5	9	4	6	3	2
5	6	3	2	1	8	7	9	4
4	2	9	3	7	6	1	5	8
8	3	2	1	6	7	9	4	5
6	4	7	8	5	9	2	1	3
9	1	5	4	3	2	8	6	7
3	9	4	7	2	1	5	8	6
1	7	8	6	4	5	3	2	9
2	5	6	9	8	3	4	7	1

5

6	7	3	1	9	8	5	2	4
5	8	9	7	4	2	3	1	6
1	4	2	6	5	3	7	9	8
2	9	6	8	7	5	4	3	1
3	1	4	9	2	6	8	5	7
7	5	8	4	3	1	9	6	2
9	6	1	5	8	4	2	7	3
4	3	7	2	6	9	1	8	5
8	2	5	3	1	7	6	4	9

6

6	7	5	3	1	4	9	8	2
4	2	3	6	9	8	5	1	7
9	1	8	2	7	5	3	4	6
8	9	6	7	3	2	4	5	1
5	4	7	9	8	1	6	2	3
1	3	2	4	5	6	8	7	9
3	6	1	8	4	7	2	9	5
7	8	9	5	2	3	1	6	4
2	5	4	1	6	9	7	3	8

7

8	5	9	4	6	7	2	3	1
1	2	3	8	9	5	4	6	7
4	6	7	2	3	1	9	5	8
7	1	8	9	2	3	6	4	5
6	9	5	1	7	4	8	2	3
2	3	4	5	8	6	7	1	9
5	4	6	7	1	9	3	8	2
3	7	2	6	5	8	1	9	4
9	8	1	3	4	2	5	7	6

8

2	9	1	4	8	6	7	5	3
6	4	3	5	9	7	2	8	1
7	5	8	1	2	3	9	4	6
3	1	5	2	7	4	6	9	8
9	2	7	8	6	5	3	1	4
4	8	6	9	3	1	5	7	2
8	7	9	3	4	2	1	6	5
5	3	4	6	1	9	8	2	7
1	6	2	7	5	8	4	3	9

9

1	4	6	9	2	8	7	3	5
5	8	9	6	3	7	2	4	1
2	3	7	5	4	1	6	9	8
3	9	1	8	5	6	4	7	2
8	2	4	3	7	9	1	5	6
6	7	5	4	1	2	9	8	3
9	6	2	7	8	3	5	1	4
7	5	8	1	6	4	3	2	9
4	1	3	2	9	5	8	6	7

10

9	6	1	3	7	4	8	2	5
8	2	7	9	5	6	4	1	3
5	4	3	2	8	1	9	7	6
1	8	9	5	4	2	3	6	7
6	5	2	7	9	3	1	8	4
7	3	4	1	6	8	5	9	2
2	1	6	8	3	5	7	4	9
4	7	5	6	1	9	2	3	8
3	9	8	4	2	7	6	5	1

11

7	1	3	2	8	4	5	6	9
5	8	2	1	6	9	7	3	4
9	6	4	7	5	3	2	8	1
4	7	5	3	1	8	9	2	6
2	3	8	9	7	6	4	1	5
6	9	1	5	4	2	8	7	3
3	2	6	4	9	7	1	5	8
8	5	9	6	2	1	3	4	7
1	4	7	8	3	5	6	9	2

12

4	5	1	2	3	9	7	8	6
7	8	3	1	6	4	5	9	2
6	2	9	5	8	7	1	3	4
1	6	5	7	9	3	2	4	8
8	4	2	6	1	5	9	7	3
9	3	7	4	2	8	6	1	5
2	1	4	3	7	6	8	5	9
3	7	8	9	5	2	4	6	1
5	9	6	8	4	1	3	2	7

13

4	1	3	2	5	6	9	8	7
9	6	8	3	1	7	4	5	2
5	2	7	8	9	4	6	3	1
1	5	9	6	3	2	8	7	4
2	8	6	4	7	5	3	1	9
3	7	4	1	8	9	5	2	6
6	3	2	7	4	8	1	9	5
8	4	5	9	2	1	7	6	3
7	9	1	5	6	3	2	4	8

14

6	8	4	9	7	3	1	2	5
9	2	5	6	4	1	8	3	7
3	1	7	2	8	5	6	9	4
1	5	9	3	6	2	4	7	8
2	4	6	8	1	7	9	5	3
7	3	8	5	9	4	2	6	1
8	9	3	1	5	6	7	4	2
5	7	1	4	2	9	3	8	6
4	6	2	7	3	8	5	1	9

15

4	3	6	8	7	9	1	5	2
9	1	5	2	6	3	8	7	4
8	2	7	5	4	1	3	9	6
5	8	4	1	3	2	9	6	7
3	9	2	6	5	7	4	1	8
6	7	1	4	9	8	5	2	3
2	4	3	7	1	5	6	8	9
7	5	9	3	8	6	2	4	1
1	6	8	9	2	4	7	3	5

16

7	1	8	6	3	2	9	4	5
3	4	9	5	8	7	1	6	2
5	2	6	1	9	4	8	3	7
9	8	4	7	6	3	5	2	1
2	6	5	9	4	1	7	8	3
1	7	3	8	2	5	6	9	4
6	3	1	2	7	8	4	5	9
4	9	7	3	5	6	2	1	8
8	5	2	4	1	9	3	7	6

17

2	9	7	4	8	5	1	3	6
4	1	5	9	3	6	7	8	2
8	3	6	1	7	2	5	4	9
9	6	2	3	1	4	8	5	7
1	7	8	5	6	9	3	2	4
5	4	3	7	2	8	6	9	1
3	5	1	2	4	7	9	6	8
7	8	4	6	9	3	2	1	5
6	2	9	8	5	1	4	7	3

18

1	2	8	3	7	9	6	4	5
6	9	5	4	2	8	7	1	3
4	3	7	1	5	6	2	9	8
9	8	3	7	4	2	1	5	6
2	6	1	5	9	3	8	7	4
5	7	4	6	8	1	3	2	9
3	5	6	2	1	4	9	8	7
8	4	2	9	3	7	5	6	1
7	1	9	8	6	5	4	3	2

19

1	6	5	2	8	9	7	4	3
8	3	2	6	7	4	9	1	5
4	9	7	5	3	1	6	8	2
7	2	6	9	4	3	8	5	1
5	1	8	7	2	6	3	9	4
9	4	3	8	1	5	2	6	7
6	7	9	4	5	2	1	3	8
2	5	1	3	6	8	4	7	9
3	8	4	1	9	7	5	2	6

20

2	9	4	7	1	5	3	8	6
5	1	6	9	8	3	7	2	4
7	3	8	6	2	4	1	9	5
4	5	9	8	3	7	2	6	1
6	7	3	1	4	2	8	5	9
8	2	1	5	9	6	4	7	3
9	4	7	3	6	8	5	1	2
3	6	5	2	7	1	9	4	8
1	8	2	4	5	9	6	3	7

21

2	6	1	7	5	9	3	4	8
8	9	3	2	4	1	5	7	6
7	5	4	6	8	3	9	1	2
9	2	7	5	6	8	1	3	4
5	1	6	3	9	4	2	8	7
4	3	8	1	2	7	6	5	9
3	4	2	9	7	5	8	6	1
1	8	9	4	3	6	7	2	5
6	7	5	8	1	2	4	9	3

22

5	2	4	7	3	9	6	8	1
9	8	1	6	4	5	3	2	7
6	7	3	1	8	2	5	9	4
1	6	2	8	5	7	9	4	3
4	5	8	2	9	3	1	7	6
3	9	7	4	6	1	8	5	2
8	4	5	3	2	6	7	1	9
7	3	9	5	1	4	2	6	8
2	1	6	9	7	8	4	3	5

2
3

5	6	8	3	9	1	2	4	7
1	7	4	8	6	2	3	9	5
2	3	9	7	5	4	8	6	1
7	1	5	4	8	3	6	2	9
4	9	6	2	1	5	7	8	3
8	2	3	9	7	6	5	1	4
9	8	1	6	3	7	4	5	2
3	5	2	1	4	8	9	7	6
6	4	7	5	2	9	1	3	8

2
4

3	1	5	8	2	6	9	4	7
8	9	2	3	7	4	6	1	5
6	4	7	9	5	1	8	2	3
7	2	9	5	8	3	1	6	4
1	8	4	6	9	7	3	5	2
5	6	3	1	4	2	7	9	8
4	7	8	2	6	9	5	3	1
2	3	6	7	1	5	4	8	9
9	5	1	4	3	8	2	7	6

25

7	6	1	8	3	2	4	9	5
5	4	2	9	1	6	3	7	8
3	8	9	4	5	7	1	2	6
6	7	8	5	4	9	2	1	3
9	3	5	7	2	1	8	6	4
2	1	4	3	6	8	9	5	7
1	9	7	6	8	4	5	3	2
4	5	6	2	9	3	7	8	1
8	2	3	1	7	5	6	4	9

26

9	8	7	2	4	1	5	3	6
5	2	3	9	7	6	8	1	4
6	4	1	8	3	5	9	7	2
4	1	5	6	8	3	7	2	9
2	3	6	1	9	7	4	5	8
8	7	9	4	5	2	3	6	1
1	5	4	7	2	8	6	9	3
7	6	8	3	1	9	2	4	5
3	9	2	5	6	4	1	8	7

80

2
7

9	3	2	6	4	7	1	5	8
5	1	6	2	8	3	9	4	7
7	8	4	5	1	9	2	3	6
3	7	5	1	6	8	4	2	9
1	2	9	3	7	4	8	6	5
4	6	8	9	2	5	7	1	3
2	4	3	7	9	6	5	8	1
8	5	7	4	3	1	6	9	2
6	9	1	8	5	2	3	7	4

2
8

1	5	7	6	9	8	2	4	3
4	6	2	3	5	7	1	8	9
3	8	9	1	4	2	5	6	7
7	9	4	5	2	3	6	1	8
8	3	1	7	6	4	9	5	2
6	2	5	9	8	1	3	7	4
5	7	8	2	3	6	4	9	1
2	1	6	4	7	9	8	3	5
9	4	3	8	1	5	7	2	6

29

6	2	8	7	1	3	9	4	5
3	5	7	2	4	9	6	8	1
9	1	4	5	8	6	2	3	7
5	9	3	8	6	4	7	1	2
7	6	2	3	5	1	8	9	4
8	4	1	9	7	2	3	5	6
1	8	6	4	3	7	5	2	9
2	7	5	1	9	8	4	6	3
4	3	9	6	2	5	1	7	8

30

8	1	4	9	6	2	5	3	7
5	9	3	1	7	4	8	6	2
7	2	6	3	5	8	1	9	4
1	5	2	7	9	3	4	8	6
9	4	7	6	8	1	3	2	5
6	3	8	2	4	5	7	1	9
2	6	1	4	3	7	9	5	8
3	7	5	8	2	9	6	4	1
4	8	9	5	1	6	2	7	3

3-1

9	7	2	3	6	1	5	8	4
8	4	3	5	9	7	2	1	6
1	5	6	2	8	4	7	3	9
6	9	4	8	2	5	1	7	3
3	8	5	1	7	6	9	4	2
7	2	1	9	4	3	6	5	8
4	1	7	6	3	2	8	9	5
2	3	8	7	5	9	4	6	1
5	6	9	4	1	8	3	2	7

3-2

3	7	5	9	6	4	1	2	8
4	6	8	2	3	1	9	7	5
9	1	2	7	8	5	3	6	4
6	3	9	5	2	8	7	4	1
7	5	1	6	4	3	2	8	9
2	8	4	1	7	9	6	5	3
5	9	7	4	1	6	8	3	2
8	4	6	3	9	2	5	1	7
1	2	3	8	5	7	4	9	6

33

1	2	6	7	4	9	3	5	8
7	5	4	6	3	8	2	9	1
3	8	9	1	5	2	4	6	7
9	6	7	8	2	1	5	4	3
2	4	8	3	7	5	6	1	9
5	1	3	4	9	6	8	7	2
6	3	2	9	1	4	7	8	5
4	7	1	5	8	3	9	2	6
8	9	5	2	6	7	1	3	4

34

5	2	4	6	9	7	3	1	8
1	7	3	5	8	4	2	9	6
8	6	9	2	3	1	7	5	4
7	4	5	3	6	8	9	2	1
2	3	6	7	1	9	8	4	5
9	1	8	4	5	2	6	3	7
4	9	2	1	7	6	5	8	3
6	5	1	8	2	3	4	7	9
3	8	7	9	4	5	1	6	2

3
5

5	4	7	1	3	2	8	6	9
6	1	3	8	7	9	4	5	2
8	9	2	5	4	6	1	7	3
4	8	6	3	5	7	2	9	1
2	3	5	9	6	1	7	8	4
9	7	1	2	8	4	5	3	6
1	5	9	6	2	8	3	4	7
7	6	8	4	1	3	9	2	5
3	2	4	7	9	5	6	1	8

3
6

3	4	1	7	6	5	8	9	2
9	6	5	3	2	8	1	7	4
7	2	8	9	1	4	6	5	3
2	1	4	5	9	6	3	8	7
5	3	9	1	8	7	2	4	6
8	7	6	4	3	2	5	1	9
1	8	2	6	7	9	4	3	5
4	9	3	2	5	1	7	6	8
6	5	7	8	4	3	9	2	1

37

5	9	4	6	7	2	8	3	1
1	6	2	9	8	3	5	4	7
3	7	8	4	5	1	9	6	2
7	8	5	2	6	9	3	1	4
6	1	3	7	4	8	2	9	5
2	4	9	1	3	5	7	8	6
4	2	7	3	9	6	1	5	8
8	3	6	5	1	7	4	2	9
9	5	1	8	2	4	6	7	3

38

8	7	2	3	9	6	5	4	1
1	5	6	4	2	8	3	9	7
4	9	3	7	5	1	6	8	2
9	6	8	5	4	7	2	1	3
3	1	5	9	8	2	7	6	4
7	2	4	1	6	3	8	5	9
2	3	9	8	1	5	4	7	6
6	8	1	2	7	4	9	3	5
5	4	7	6	3	9	1	2	8

86

39

2	5	4	6	7	1	8	3	9
9	8	1	2	3	5	7	6	4
6	7	3	8	9	4	5	1	2
1	3	9	4	5	7	2	8	6
4	6	5	1	2	8	9	7	3
8	2	7	3	6	9	4	5	1
7	9	2	5	1	6	3	4	8
5	4	6	9	8	3	1	2	7
3	1	8	7	4	2	6	9	5

40

6	1	8	3	5	4	2	9	7
3	9	2	7	1	8	4	6	5
4	5	7	9	2	6	1	3	8
7	6	3	5	4	1	8	2	9
9	2	4	8	7	3	5	1	6
5	8	1	2	6	9	7	4	3
8	7	9	4	3	2	6	5	1
2	3	6	1	8	5	9	7	4
1	4	5	6	9	7	3	8	2

41

5	7	9	3	4	6	8	2	1
2	1	6	5	8	7	9	4	3
3	8	4	9	1	2	5	7	6
9	2	7	4	6	8	1	3	5
1	5	3	2	7	9	4	6	8
6	4	8	1	3	5	7	9	2
8	9	1	6	2	4	3	5	7
7	6	5	8	9	3	2	1	4
4	3	2	7	5	1	6	8	9

42

8	5	1	2	3	9	7	4	6
3	2	9	7	4	6	8	1	5
4	6	7	1	5	8	2	3	9
7	8	3	9	1	5	4	6	2
2	4	6	8	7	3	9	5	1
9	1	5	4	6	2	3	8	7
1	3	4	5	9	7	6	2	8
6	7	8	3	2	1	5	9	4
5	9	2	6	8	4	1	7	3

4-3

9	2	8	6	4	1	3	7	5
3	7	1	2	8	5	9	6	4
6	4	5	7	9	3	1	2	8
2	6	4	5	1	7	8	3	9
5	8	3	9	6	4	7	1	2
7	1	9	3	2	8	5	4	6
1	5	6	8	7	2	4	9	3
4	3	2	1	5	9	6	8	7
8	9	7	4	3	6	2	5	1

4-4

2	9	4	3	6	8	1	7	5
5	6	7	2	9	1	3	4	8
8	3	1	7	4	5	2	6	9
4	7	3	1	8	9	6	5	2
1	8	6	4	5	2	9	3	7
9	2	5	6	7	3	4	8	1
6	4	9	8	1	7	5	2	3
7	1	2	5	3	4	8	9	6
3	5	8	9	2	6	7	1	4

45

9	6	3	8	5	7	1	4	2
7	2	1	3	6	4	8	9	5
8	4	5	9	1	2	7	3	6
6	8	9	5	3	1	2	7	4
4	3	2	7	8	9	5	6	1
5	1	7	2	4	6	3	8	9
1	5	8	6	9	3	4	2	7
2	9	4	1	7	8	6	5	3
3	7	6	4	2	5	9	1	8

46

4	7	2	6	9	1	8	5	3
9	6	1	5	8	3	2	4	7
5	8	3	7	4	2	9	6	1
2	5	9	1	6	7	3	8	4
7	3	4	2	5	8	6	1	9
8	1	6	9	3	4	7	2	5
3	9	5	8	1	6	4	7	2
1	2	8	4	7	9	5	3	6
6	4	7	3	2	5	1	9	8

4
7

3	5	4	6	8	2	9	7	1
7	6	8	5	1	9	2	4	3
1	9	2	7	3	4	5	6	8
6	4	7	9	2	1	8	3	5
9	8	1	3	5	7	6	2	4
2	3	5	4	6	8	1	9	7
4	7	6	8	9	5	3	1	2
5	1	9	2	7	3	4	8	6
8	2	3	1	4	6	7	5	9

4
8

2	9	5	1	8	4	3	7	6
4	6	8	2	3	7	9	5	1
1	3	7	6	5	9	2	4	8
5	7	4	9	6	3	1	8	2
6	1	9	8	4	2	7	3	5
8	2	3	7	1	5	4	6	9
9	8	6	3	7	1	5	2	4
7	5	2	4	9	8	6	1	3
3	4	1	5	2	6	8	9	7

49

8	4	3	1	6	7	5	2	9
6	7	5	2	8	9	4	3	1
2	1	9	5	3	4	6	8	7
7	5	8	9	2	1	3	6	4
1	9	6	4	5	3	2	7	8
3	2	4	8	7	6	1	9	5
4	3	1	6	9	8	7	5	2
9	6	2	7	1	5	8	4	3
5	8	7	3	4	2	9	1	6

50

1	9	6	8	5	2	4	3	7
8	4	5	7	6	3	2	9	1
2	7	3	9	4	1	5	8	6
7	6	1	5	3	9	8	4	2
5	2	9	6	8	4	1	7	3
4	3	8	2	1	7	6	5	9
6	8	2	3	7	5	9	1	4
3	5	4	1	9	6	7	2	8
9	1	7	4	2	8	3	6	5

5
1

8	4	9	1	2	5	6	7	3
3	2	5	8	7	6	9	1	4
1	7	6	3	4	9	8	2	5
5	3	7	6	8	1	2	4	9
4	6	1	9	5	2	7	3	8
2	9	8	4	3	7	5	6	1
6	5	3	7	9	4	1	8	2
9	1	4	2	6	8	3	5	7
7	8	2	5	1	3	4	9	6

5
2

3	7	4	2	1	9	6	5	8
1	8	6	4	7	5	2	3	9
9	5	2	6	8	3	4	1	7
7	1	8	5	6	4	3	9	2
6	2	9	1	3	8	7	4	5
5	4	3	9	2	7	8	6	1
4	6	1	8	9	2	5	7	3
8	3	5	7	4	1	9	2	6
2	9	7	3	5	6	1	8	4

53

8	3	6	7	1	2	9	5	4
7	1	5	8	4	9	6	2	3
2	4	9	5	3	6	8	7	1
4	6	2	3	8	1	7	9	5
3	9	7	6	2	5	4	1	8
1	5	8	4	9	7	2	3	6
6	7	4	9	5	3	1	8	2
5	8	1	2	7	4	3	6	9
9	2	3	1	6	8	5	4	7

54

5	8	3	4	1	2	7	6	9
7	2	6	5	9	3	4	1	8
9	1	4	6	7	8	2	5	3
6	3	1	9	8	7	5	4	2
4	7	5	2	3	6	8	9	1
2	9	8	1	5	4	6	3	7
8	5	2	3	4	1	9	7	6
1	4	7	8	6	9	3	2	5
3	6	9	7	2	5	1	8	4

94

5-5

8	2	4	3	7	5	6	9	1
1	9	3	8	6	4	2	7	5
7	5	6	1	2	9	8	4	3
5	4	1	6	3	2	9	8	7
6	3	8	9	4	7	5	1	2
2	7	9	5	8	1	4	3	6
4	6	5	7	1	8	3	2	9
9	1	2	4	5	3	7	6	8
3	8	7	2	9	6	1	5	4

5-6

4	9	1	2	6	8	3	7	5
8	6	2	3	5	7	4	9	1
3	7	5	1	9	4	2	8	6
5	2	4	7	1	3	9	6	8
7	3	6	4	8	9	1	5	2
1	8	9	5	2	6	7	3	4
6	1	7	8	3	2	5	4	9
9	5	3	6	4	1	8	2	7
2	4	8	9	7	5	6	1	3

57

1	3	4	7	6	2	8	5	9
5	8	7	3	1	9	6	2	4
2	6	9	4	5	8	7	1	3
3	4	8	9	7	5	2	6	1
9	7	2	1	4	6	5	3	8
6	5	1	8	2	3	9	4	7
4	1	5	6	8	7	3	9	2
7	2	3	5	9	1	4	8	6
8	9	6	2	3	4	1	7	5

58

4	1	9	7	6	8	5	3	2
7	3	2	1	4	5	9	6	8
6	5	8	3	9	2	1	7	4
3	6	1	2	7	9	8	4	5
5	2	7	6	8	4	3	9	1
9	8	4	5	3	1	6	2	7
1	7	3	8	2	6	4	5	9
8	9	6	4	5	7	2	1	3
2	4	5	9	1	3	7	8	6

59

5	2	4	8	6	3	1	9	7
1	3	6	7	4	9	5	2	8
7	8	9	2	5	1	4	3	6
8	1	5	9	2	4	7	6	3
9	7	2	6	3	5	8	1	4
4	6	3	1	8	7	9	5	2
3	5	8	4	9	2	6	7	1
6	9	7	3	1	8	2	4	5
2	4	1	5	7	6	3	8	9

60

5	7	6	4	1	2	8	9	3
1	8	3	7	5	9	2	6	4
2	9	4	8	6	3	1	7	5
4	1	2	9	3	6	5	8	7
8	3	9	2	7	5	4	1	6
7	6	5	1	8	4	3	2	9
6	4	8	5	2	7	9	3	1
9	2	7	3	4	1	6	5	8
3	5	1	6	9	8	7	4	2